少女成长养护手册

（韩）罗珠姬　著
（韩）郑慧善　图
李桂花　李贵顺　译

海天出版社
·深圳·

图书在版编目（CIP）数据

少女成长养护手册 / (韩) 罗珠姬著； 郑慧善图；李桂花，李贵顺译. —深圳：海天出版社，2019.12

ISBN 978-7-5507-2749-6

Ⅰ. ①少… Ⅱ. ①罗… ②郑… ③李… ④李… Ⅲ. ①女性－修养－通俗读物 Ⅳ. ①B825.5-49

中国版本图书馆CIP数据核字(2019)第196330号

著作权合同登记号：图字 19-2018-026号

少女成长养护手册

SHAONÜ CHENGZHANG YANGHU SHOUCE

出品人　聂雄前
责任编辑　涂玉香
责任校对　张　敏
责任技编　陈洁霞
封面设计　龙墨文化 0755-83461000

出版发行　海天出版社
地　　址　深圳市彩田南路海天综合大厦（518033）
网　　址　www.htph.com.cn
服务电话　0755-83460239（邮购、团购）
设计制作　深圳市龙墨文化传播有限公司（0755-83461000）
印　　刷　深圳市希望印务有限公司
开　　本　787mm×1092mm　1/24
印　　张　6
字　　数　112千
版　　次　2019年12月第1版
印　　次　2019年12月第1次
定　　价　39.80元

打造自信身材

我是我自己的

十八岁后，交个深沉稳重的男朋友吧

附录

想要光彩夺目

谁的青春不彷徨？谁的少女心不纠结？

正值青春期的美少女们，每天早起对着镜子嘟囔抱怨，应该是再平常不过的事情了：眼睛要大大的、萌萌的！鼻梁要高一点、挺一点！皮肤最好是雪白如凝脂！看到电视里精致漂亮的女明星，就更淡定不下来了：唉，如果我也那么漂亮该多好……真是叫人又羡慕又嫉妒！

虽说漂亮的脸蛋和苗条的身材跟基因有关，但再好的先天条件，如果不用心去呵护，终将会黯然失色。所谓一分耕耘一分收获，想要变得美美的，可是要付出百般努力的噢！

对于“美丽漂亮”，每个人的标准各不相同，但也有一个放之四海而皆准的特征，比如仪表整洁端庄、肌肤洁净透亮、体型健康匀称。具备了这些条件，必然会给人舒服美好的印象。

那种认为美女就是大眼睛、高鼻梁、铅笔腿的偏见，早就该丢到一边了！

每个人来到世上，都自带光芒，我们需要做的就是发挥好这份天生的优势，将它变成个性。如果再有点时尚细胞，学点护肤技巧，拥有健康身材，那就简直堪称完美了！

下面我就要说说让你青春靓丽的几点秘方！

名字
生日
星座
血型
照片
我的理想
让我感动的书
我喜欢的颜色
我喜欢的歌
我喜欢的明星
好闺蜜
好蓝颜

目录

想要光彩夺目

着装是人的第二张脸

想要变漂亮，最为基本的一点就是“清爽整洁”！当然，清洗对于每个人来说并不是什么难事，但是怎么清洗，却是有着一套学问的。只有正确清洗才能变漂亮。

熠熠生辉
美少女变身五大秘诀

秘诀一　清爽整洁

如果你顶着蓬头乱发，皮肤油腻腻的，肩膀上落着雪花一样的头屑……Oh My God! 就算你有着一双芭比娃娃的扑闪的大眼睛和一个高鼻梁，也无法阻挡人们对你避而远之、逃之夭夭。

洁肤四步骤

第一步 洗好你的手

我们的双手暴露在大量灰尘和细菌当中。如果省略洗手环节，直接用脏手将洗面奶揉出泡泡往脸上涂，无异于将手上的灰尘与细菌传递给我们的脸。脸对此表示很无辜！

正确的方法是：先用香皂揉搓出泡沫，把手洗净后，再挤出洗面奶或者其他洁肤用品，清洗我们的脸！

第二步 洗脸三步到位

1 用温热的流水冲洗脸部！

2 最后务必用冷水冲脸！

3 用毛巾粗暴地擦干脸？NO！NO！NO！你只需用毛巾轻轻地，再轻轻地沾去脸上的水珠即可！

什么什么？为了图一时痛快，你用毛巾粗暴擦脸？
这种行为无异于加快脸上长皱纹的速度！
必须立刻丢掉这个错误习惯！当然，也不是自然晾干就万事大吉。
你要知道，皮肤表面的水分挥发，等于皮肤深层的水分也一起大量流失！

第三步 正确使用洗发水、护发素

洗发水帮我们去除头皮和头发上的灰尘与油腻，而护发素则为头发带来滋润。两者功能不同，用法自然也不同。请牢记洗发用品使用三法则！

1 将洗发水揉搓出泡泡后再涂抹到头发上！

洗发水可以去除头发上的灰尘和油腻，使用时需先揉搓出泡泡，再集中涂抹到头发上。头发上的油分如果清除得太彻底，就会让头发失去光泽，所以头发部分略微涂抹即可。最好是用指肚轻轻地按摩你的头皮哦，一定要力度适中，切忌太轻或太重。

② **洗发水要彻底冲净。最后一次冲洗务必用凉水！**

头发、头皮上的洗发水要冲洗多次，以免有残留。最后一次一定要用冷水冲洗。当然啦，用冷水冲洗头发肯定会感到冷飕飕的，还会让你起一身鸡皮疙瘩。但是没有付出哪里来的美呢？头发要这样冲洗才会有韧性、不易折断，而且这样可以很好地梳理毛鳞片，避免水分流失，保护我们的发质。

③ **护发素不要沾染头皮！**

使用护发素时有一点必须牢记，即尽量不要让护发素沾到头皮上！护发素的作用是给头发带来滋润，使发质变得弹性十足、柔顺如绸。如果头皮上积累油分，会导致脱发、出现头屑。用完护发素后一定要冲洗彻底，最后用毛巾轻轻沾干头发上的水分，就跟洗脸后用毛巾沾去脸上的水珠的方式一样。

第四步 指尖到脚趾干净利落

你可能觉得脸蛋和头发很引人注目，其实手也不例外。从一个人的手，能看出很多个人信息。而且没有人会对一个指甲缝里有脏东西的女孩儿产生好感。

还有脚。夏天穿凉鞋时一双脚露出来，结果趾甲没及时修剪，脚后跟都是老茧……不不，这简直是场灾难。女孩子，一定要懂得打理好自己的手脚。如果指甲或趾甲太长，不仅容易藏污纳垢，还极不雅观。如果剪得过短，又会显得粗短不修长，且指尖也会疼。指甲和趾甲的理想长度，应为2～3mm。

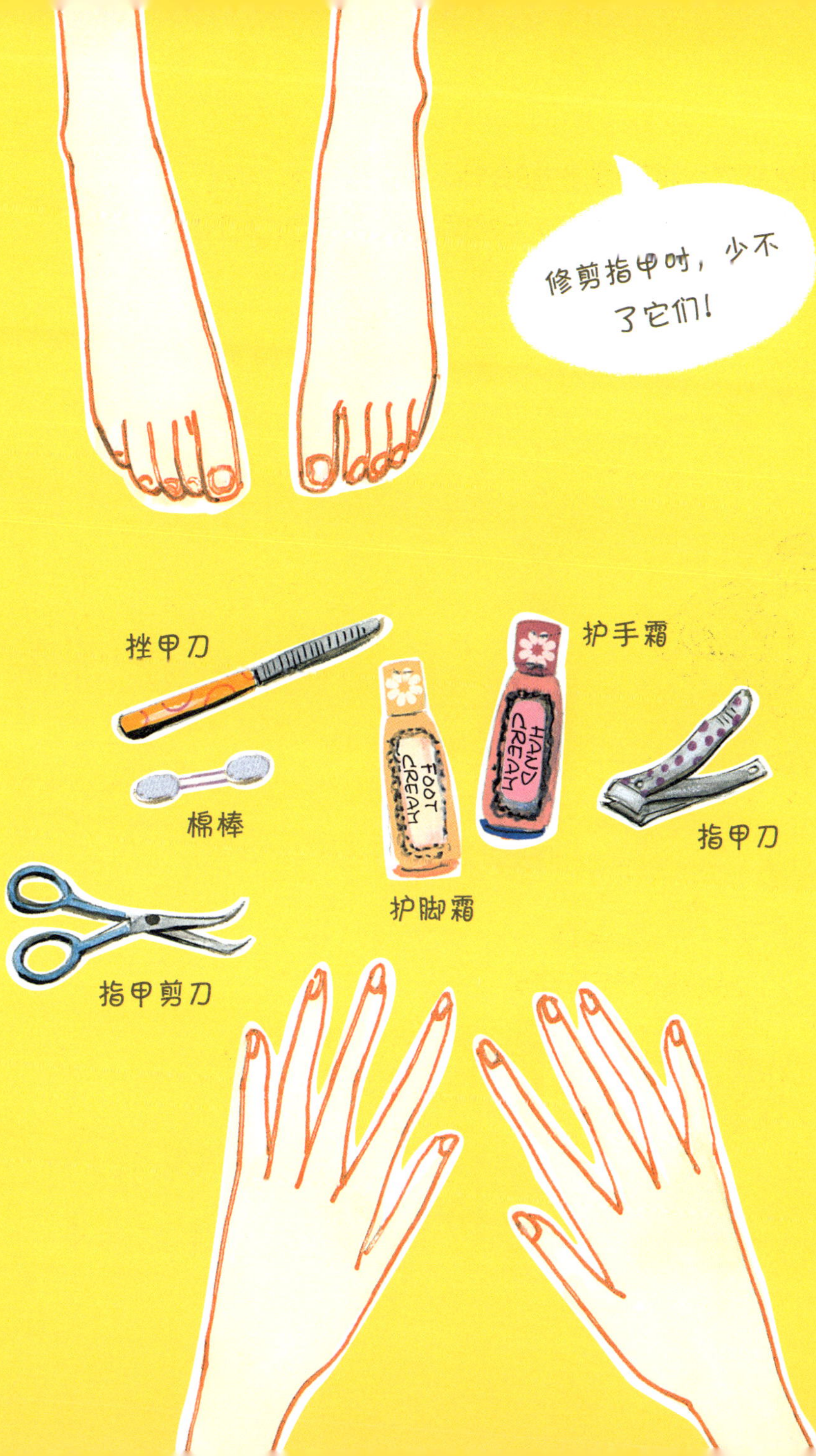
修剪指甲时，少不了它们！
挫甲刀
护手霜
HAND CREAM
FOOT CREAM
棉棒
指甲刀
护脚霜
指甲剪刀

先用热肥皂水将手脚浸泡5分钟，再用温热水冲洗。
擦去水分后，手脚分别涂上护手霜和护脚霜或润肤霜。

1

用热肥皂水
浸泡手脚5分钟

2

擦去水分，
涂上护手霜

3

脚上涂上护脚霜

最后将指甲修剪至2～3mm。这时，指甲两边不要剪得太靠近，可以修剪出方形，再用挫甲刀轻轻地将指甲、趾甲轮廓打磨得自然流畅。

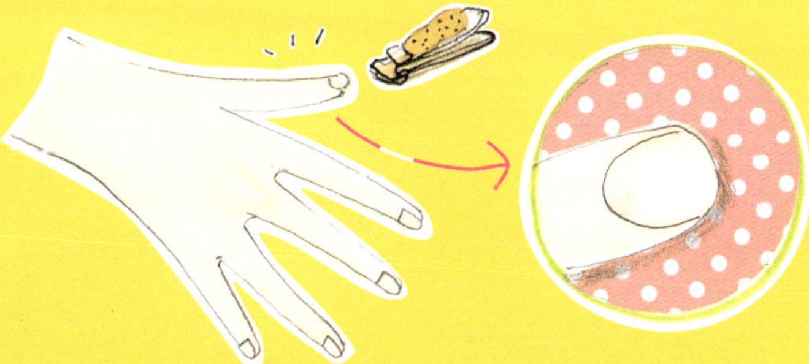

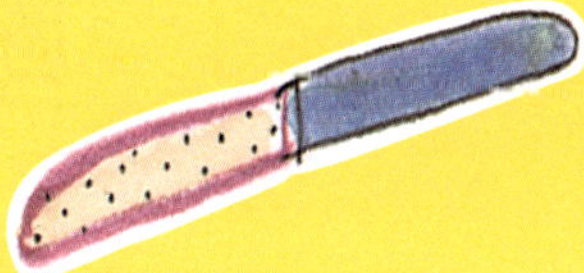

护发护甲小妙招！

- 头发最好自然风干。要是着急的话，就用吹风机吹干吧！
- 将手指插入使用后剩下的柠檬皮里，让它吸收维生素，使皮肤变白。

秘诀二　知己知彼，百战百胜

了解皮肤特性和皮肤问题，做个皮肤美人不是难题！
下面，我们先来了解自己的皮肤类型。

认清皮肤特性

1 油性皮肤

额头到鼻子、下巴的T形区泛油严重的皮肤类型。由于分泌油脂过多，出痘严重。

2 中性皮肤

皮肤光滑柔嫩、无痘痘，可谓完美皮肤。

3 干性皮肤

皮脂分泌过少，脸部容易脱皮，洗完脸紧绷感严重，易长皱纹。由于皮脂分泌过少，所以不会长痘，这倒是一个优点。

4 混合性皮肤

最常见的皮肤类型。T形区泛油，双颊和眼周却干燥，偶尔T形区会长出可恶的痘痘。

5 敏感性皮肤

皮肤很薄、干燥，易过敏。T形区稍微泛油。寒冬或酷暑时尤为敏感，脸变红，或长出色泽不均的斑点。

如何拥有公主般的皮肤

现在你知道自己的皮肤类型了吧？现在呢，让我来告诉你什么是适合你皮肤类型的护肤方法。一定要认真看哦，这样才能科学护肤，拥有和公主一样的光彩照人的皮肤噢！

1 油性皮肤最怕皮脂

皮脂也就是我们平时所说的油。

脸部泛油的话，更容易粘附灰尘和污染物质，所以一定要仔细洗脸。千万不能因为担心太油腻，就不擦任何护肤品。我们的皮肤有自我调节功能，一旦皮脂过少，就会自主产生皮脂去补充，继而导致皮脂过多。一定要铭记秘诀一所说的洗脸法，洗完脸认真涂抹油性皮肤专用柔肤水、乳液。

中性皮肤切忌自满

2 上天所赐，不护肤也能保持雪白肌肤、宛如凝脂？也许吧。不过要知道，我们的皮肤并不是一成不变的。再好的皮肤，如果放任不管，就会发生改变。

所以最基础的柔肤水、乳液一定要认真擦，不要大意。

3 干性皮肤最怕干燥了

干性皮肤很让人头疼。由于油脂分泌过少，很容易出现细小皱纹。所以选香皂，建议用中性香皂。因为普通香皂的功能是彻底洗净脸上的多余油脂，不益于天然缺少油脂的干性皮肤。

洗脸后，应涂抹补水成分充足的干性皮肤专用柔肤水、乳液。冬季异常干燥，建议用青少年专用保湿霜。

4 混合性皮肤不要怕麻烦

同时兼顾两种皮肤，并不是简单的事情。正因为麻烦，所以往往可能只做其一而省略了其他步骤。如果你不嫌麻烦、肯下功夫，那么无疑是你赢了！

相比其他类型的皮肤，混合性皮肤管理起来更费劲。T形区需使用油性专用护肤品，而双颊、眼周需要使用干性皮肤专用护肤品。

而夏季干燥、冬季敏感类皮肤，则需要根据自己的情况，灵活调换适合的护肤品。

⑤ 敏感性皮肤最怕过敏源

想要呵护好敏感性皮肤，必须使用经过严格过敏测试的合格护肤品，特别是要避开芳香型护肤品。

建议使用无香料、无酒精、无色素的护肤品，香皂也要选低刺激类。

我的皮肤类型？

拥有美丽皮肤？我决定！

1.

2.

3.

秘诀三　对待痘痘，你要耐心

睡了一觉醒来，发现皮肤上布满了红点点。恐怖的痘痘！

青春期由于荷尔蒙分泌旺盛，导致皮脂过多。当无法将皮脂及时排出毛孔之外时，就会堆积起来堵塞毛孔，以致长出痘痘。

为什么排不出去呢？那是因为灰尘或细菌堵塞毛孔，造成了污染。想要消灭痘痘，必须牢记三点。

每天用温水洗三次脸

清洁毛孔是最重要的一个步骤！当然，要早、中、晚各洗一次！而且要用痘痘肤质专用洁面用品。

千万不要挤痘痘

手上粘附着灰尘和细菌，如果用脏手碰脸部，会让毛孔堵塞得更严重，痘痘就更肆无忌惮了。如果因为手欠，将痘痘挤来挤去……Oh, no！漂亮的脸蛋可能会留下疤痕哦！

咬牙忍耐一星期

痘痘来访和离开，通常只需要一个星期。如果痘痘不严重，那么只要洗干净脸部，再涂抹祛痘软膏，多吃一些水果来补充必要的维生素，忍耐一星期就可以了。

当然了，这一周你需要忍受的肯定很多很多。所以千万不要一时手欠，去抓挠挤压，这一抓痘痘更肆无忌惮，会让你万念俱灰。时间久了，脸上不免会留下疤痕，留下永久的痘印。

如果出痘严重，建议及时就医，以免让它在你的脸上泛滥成灾。

秘诀四　只要洗澡到位，也能拥有名模般的皮肤

生活中不难遇到这样的例子，有的女生脸上的妆容很精致，唇膏很闪耀，防晒霜也涂抹得很到位，俨然一个高冷小美人。但是她洗澡的过程往往过于“粗糙”，走形式一样涂上沐浴露后用水冲洗就算完事了。十有八九是这样的吧?

但是你知道吗? 其实洗澡也是一门学问，如果方法正确，不仅可以拥有一身好皮肤，还能塑形。冲洗的过程，等于做个全身按摩，去除身上堆积的多余脂肪，对皮肤和身材都大有好处。

所以洗澡也要看怎么洗。肤质不同，洗澡方法也不同。

不妨让我来告诉你，什么才是适合你的沐浴方法吧!

五个建议

第一 洗澡应在用餐后一小时

用餐后立即洗澡，容易诱发消化不良。
建议将洗澡推后一小会儿，至少要确保用餐后一小时再洗澡。

第二 浴室内要确保温暖

1 盆浴

要在泡澡前10分钟在浴缸里接好热水，预热浴室。

2 淋浴房

用喷头给浴室冲洒热水，预热浴室。

第三 洗澡水以38℃为最佳

想拥有柔滑细腻的皮肤？那就用38℃的水洗澡，切忌水温过高或过低。

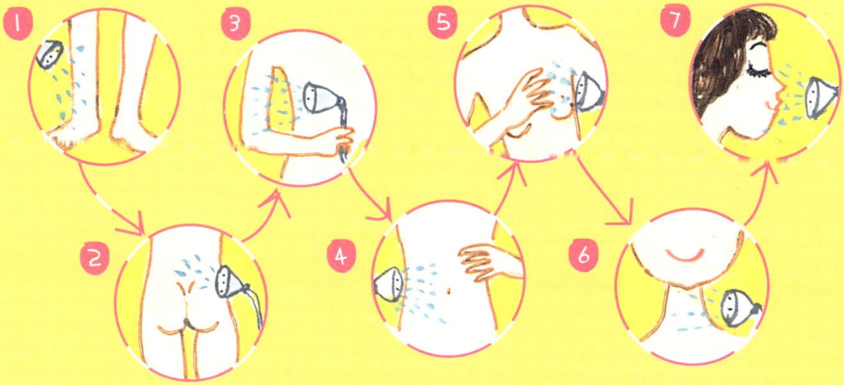

第四 先洗远离心脏的部位

洗澡时最好是从下到上，按照腿部、臀部、双臂、腹部、胸部、脖子、脸的顺序洗澡，这样才能避免给心脏造成不必要的负担，最后再洗头。

第五 最后用冷水冲洗

洗澡的最后冲洗阶段，建议用冷水，这样皮肤才会有弹性。为了美丽，感受几分钟的鸡皮疙瘩，应该不是问题吧？

皮肤不同，选择不同

具体的洗澡方法因皮肤类型而异。如果能根据自己的皮肤特性，选择针对自己的正确的洗澡方法，那么无论是脸上的皮肤还是身体其他部位的皮肤，都可以护理得细腻而有弹性。

最重要的，还是积极乐观的护肤态度。如果你问护肤跟精神状况有什么关系，那你就“OUT”了。压力是健康皮肤的敌人，当人受到精神压力时，就会影响荷尔蒙分泌，随之理所当然地影响皮肤了。

油性皮肤

油性皮肤多因为皮脂过多，造成角质过多，以致堵塞毛孔，引发痘痘。你是不是觉得油性皮肤简直是糟透了，就跟被诅咒一样？这样想未免太极端。毕竟油性皮肤相比其他肤质，不容易产生皱纹，如果护理到位，还能长久保持滋润靓丽。下面我介绍一套适合油性皮肤的沐浴方法。

1. **不要偷懒，每天记得洗澡。**
2. **夏天洗澡时，以温水为宜，切忌水温太低。**

3. 洗完澡后涂抹油性专用润肤露，这时最好使用乳液类型，而非霜类型。
4. 用爽身粉轻轻擦拭，会让皮肤清爽舒适许多。

中性皮肤

中性皮肤被视为受上天恩宠的皮肤，不过也需要后天努力呵护噢。洗澡后一定要用润肤露仔细涂抹，确保滋润。

干性皮肤

皮肤干燥粗糙，到了冬季很容易堆积角质，所以一定要确保必要的水分和滋润。

1. **洗澡建议隔天洗！**

   因为缺少皮脂，如果每天洗澡，会令皮脂过度流失，导致皮肤变得粗糙。

2. **避免搓澡用力过度**

   如果皮肤特干燥，建议干脆不要搓澡。

3. **建议使用沐浴凝露。**

   相比香皂或沐浴乳，凝露质感的沐浴用品更具保湿效果。

4

5

6

7

4 洗澡水避免过烫！

5 用润肤油擦身后再冷水冲洗。

6 建议使用霜类干性皮肤专用润肤霜，而非乳液类型的润肤露。

7 为了补充洗澡过程中流失的水分，洗澡前后应喝杯水补充水分。

混合性皮肤

目前，市面上还没有专门给混合性皮肤用的沐浴产品，所以只能用干性皮肤专用沐浴用品来将就一下了。夏天一不小心可能会背上长痘痘，所以润肤油还是不要使用了噢！

敏感性皮肤

相比盆浴，更适合简单的淋浴。因为皮肤属于敏感肤质，所以润肤露也建议使用无香料、无色素、无酒精且经过安全测试的产品。

适合我的沐浴方法：

1. __________

2. __________

3. __________

秘诀五　是不是化了妆，就百分百美美的？NO！

你是不是有过那种时候，也想像大人一样化个靓丽的妆容，优雅且惊艳？成熟女人化妆，是为了自我满足，掩饰自己的弱项，展现优势，从而获得自信。

为什么化个妆就能实现自我满足？因为化妆可以变漂亮。也就是说，到了一定年纪，不化妆就可能不好看。有一点必须说明，我们的皮肤从20岁开始就逐渐走向老化。所以皮肤、嘴角、眼眉也不像小时候那样好看，而彩妆刚好可以弥补这个缺点。

那么你呢？仔细一想，是不是平时只涂抹柔肤水和乳液，也显得胶原蛋白满满，皮肤像婴儿一样细腻柔滑有弹性？你还在为你的婴儿肥苦恼吗？可恰恰是这种肥嘟嘟的脸，让你显得可爱无比呢！你说旺盛的皮脂让你烦恼？可这也说明了皮肤正处于最巅峰的时期啊。

这么娇滴滴的皮肤竟然想用厚厚的妆容遮盖住，岂不是辜负了你的好皮肤吗？不管你是否情愿，好皮肤终有一天会离你而去，而你为了掩饰粗糙的皮肤和大大的毛孔，不得不涂抹厚厚的化妆品，就像其他平凡的成人一样。

然而现在，无需那么复杂，只要有柔肤水、乳液、防晒霜，你就可以变成青春靓丽的女生。

当然，我也能理解，谁都希望在特别的日子里把自己打扮得特别漂亮而闪亮无比。这也是女孩子正常的心理。所以我要介绍一个化妆方法，避开浓妆，让自己显得得体而清纯，散发出青春气息。

第一步 底妆要到位

首先，底妆要到位。选择适合自己皮肤类型的柔肤水、乳液，而且必须涂上一层防晒霜。

为什么防晒霜必不可少？

适度的日照，对健康有益，但是凡事过犹不及。紫外线会催老、诱发皮肤癌，所以出门前20分钟一定要擦好防晒霜。

如何挑选防晒霜

- 考虑到外出暴露在阳光照射下的时长，选择相应的SPF（防晒指数）值。
- 敏感性皮肤、干性皮肤人群应选择无酒精防晒品。

第二步 隔离很重要

涂抹柔肤水、乳液后再擦粉的话，皮肤会很容易变得干燥，甚至可能会受到刺激，而且色泽会显得不均匀。隔离乳会令皮肤看起来肤色均匀，并形成保护膜。

如何选择一款适合自己的隔离乳？很简单。选择和自己肤色相反的颜色就可以。

❶ 黄皮肤——选择紫色系

❷ 红皮肤、痘痘印明显的皮肤——选择绿色系

③ 想要衬托皮肤原有的肤色——选择米色系

④ 想要看起来肤色亮丽——选择粉色系

擦隔离乳时，挤出黄豆粒大小，用手或粉扑轻轻地拍打至整个脸部，从下至上、由里向外均匀涂抹开。

第三步 透明蜜粉打造清纯少女感

下一步就要擦粉了，这一步可以让妆容透明清亮。针对十多岁少女推出的散粉，成分纯粹，具有适度调整皮脂的功能。当然，散粉是以遮瑕提亮为主的。用粉刷或粉扑，在脸上轻拍，均匀涂抹就OK。

第四步 收尾要干净利落

化完妆后，要用棉棒把嘴唇、眉毛粘上的粉仔细擦除。如果不小心沾到了睫毛上，可以稍微沾湿指尖后，轻摁一下，或者再涂一层透明的睫毛膏就轻松搞定了。

第五步 滋润饱满的唇彩，画龙点睛

如果脸部妆容精致而嘴唇粗糙，肯定显得不和谐，所以要用润唇膏或者唇彩轻轻涂抹嘴唇。

当然，要避开珠光效果或过深的颜色，因为它不太适合花季少女，很容易让你显得土气和老气。透明或淡淡的粉色，或者有滋润效果的唇色，最适合不过。

第六步 透明的睫毛膏，让眼睛炯炯有神

如果觉得还少点儿什么，不如强调一下一双黑眼睛。透明的睫毛膏不仅低调朴素，看不出化了妆，还能强调眼睛，使得它看起来炯炯有神。先用睫毛夹分三次夹睫毛，再轻轻涂抹透明睫毛膏就搞定！

第七步 清甜的水果香气，打造可爱少女

化妆的最后一步，就是喷香水了。香甜草莓味、香蕉味、西瓜味、清爽的苹果味、香橙味、柠檬味等，选一款你最爱的，轻轻喷洒为宜。

先把香水喷到腕部，再涂抹在耳后。别忘了，细心女孩会在手帕上也喷上淡淡的香水哦！

第八步 卸妆比化妆更重要

过了晚上12点，灰姑娘也要变回原来的样子！为特殊的日子而精心准备的妆容，也终究要卸下来。

你说大可放心，用香皂洗了两次，彻底干净？

大错特错！肉眼看不见的污垢残留在皮肤和毛孔深处，会导致皮肤老化、过敏。所以卸妆要比化妆重要得多。

先用眼唇专用卸妆产品仔细擦拭眼角、嘴唇，其余部位用针对自己皮肤类型的专用卸妆产品仔细擦洗。干性皮肤建议使用卸妆膏、卸妆油，油性皮肤则建议使用卸妆水，而中性皮肤、混合性皮肤可以根据自己需求灵活选用适合的卸妆产品。敏感性皮肤当然要使用敏感性皮肤专用的无刺激卸妆产品了。

取适量的卸妆产品搓出泡泡后，轻轻涂抹到脸上并适当按摩，再用温水冲洗，最后一步一定要用冷水洗脸!

用干净毛巾轻轻拭去脸上的水珠，涂抹柔肤水、乳液，轻轻拍打脸部就OK!

透明指甲油，看似不经意的神采!

如果想让双手指甲看起来不那么平淡，可以涂抹透明或淡粉色指甲油。指甲两侧留出0.5mm空白而取中间部位均匀涂抹指甲油，会让指甲看起来更颀长秀气。过些时间待指甲油开始斑驳脱落时，用卸甲纸轻轻擦拭，涂抹手霜来护理手部。

我的秘密日记

我的脸，这个部位比较漂亮

1.

2.

我的脸，这里是个头疼的地方

1.

2.

现在就开始尝试吧

着装
是人的第二张脸

“人靠衣装马靠鞍”，不同的穿衣搭配可以营造出不同的风格。衣品好不好，全靠自己摸索。

并不是穿个名牌或者赶潮流，就意味着衣品好。也不是穿得特立独行，就走在时尚前沿。

搭配的关键在于穿着得体；符合身份；也适合特定出席场合。如果再稍微加点小搭配，那就更是锦上添花了。

会穿衣服的人，从来不将就内衣

穿对内衣，可以让外套更合体，也更出彩，这是非常关键的。穿内衣不仅是出于健康和整洁需求，还可以起到塑身作用，使得外衣穿着效果更为出色。

小内内很重要

❶ 舒适的包臀效果

如果内裤太紧，臀部的肉会被挤压出来。无论是穿上裤子还是裙子，都会影响美观。过小过紧的内裤如果长期穿着，甚至会影响臀型。

❷ 棉质内衣最健康！

如果忽略内裤质感，只图好看而选非棉质内裤，不仅吸汗效果差，甚至会导致很多意想不到的后果。

3 臀部腰际线要低

夏天服装较薄，应选择臀部腰际线低的内裤。如果裤腰设计过高，蹲坐或低头时，会暴露内裤腰际线。运动量大或者上衣偏短时，应避免高腰设计的内裤。

让身材凸显线条美的文胸

有些少女可能刚开始胸部发育，有些可能已经发育到一定程度了。应从最初就呵护好胸部。

胸部有块状感时

胸部刚开始发育时，会伴随一定的痛感。这时应选择无压迫、无刺激的舒适文胸。配有衬垫的文胸背心也是不错的选择。

上胸围－下胸围>5cm时

胸部发育到一定程度时，不再有疼痛感，这时需要使用具有护托功能的文胸。文胸背心、无钢圈文胸都是不错的选择。文胸背心在健身时也可以穿。

上胸围－下胸围>7.5cm时

胸部已发育到成熟阶段，这时应穿带有钢圈的文胸。

Tip 不同体型选择不同文胸

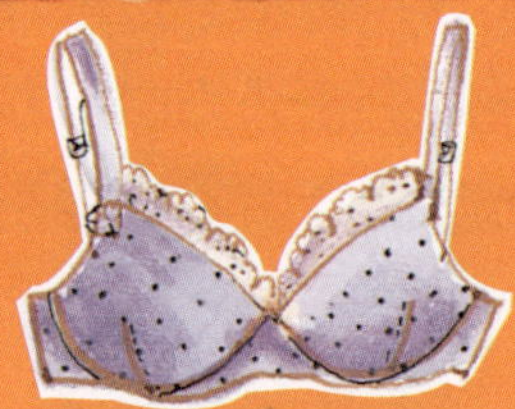

全罩杯文胸

可以完整地包裹胸部，适合胸大的体型

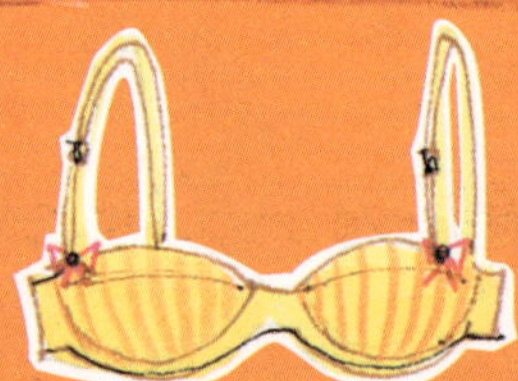

半罩杯文胸

可以包裹半个胸部，适合胸上半部突出的体型

四分之三罩杯文胸

由外到内包裹四分之三的胸部，适合双乳外扩的体型

前扣型文胸

一般文胸的文胸扣都设计在后面。这种前扣型文胸穿脱方便许多。

内衣要和外衣互搭

身穿白色外衣时，如果里面穿颜色鲜艳的内衣，是不是觉得很尴尬？穿白色外衣时，应选择肉色内衣。穿粉色外衣时，应选择白色或淡粉色内衣；如果穿蓝色外衣，那么最好是穿白色或淡蓝色内衣。肉色内衣适合各种颜色的外衣。

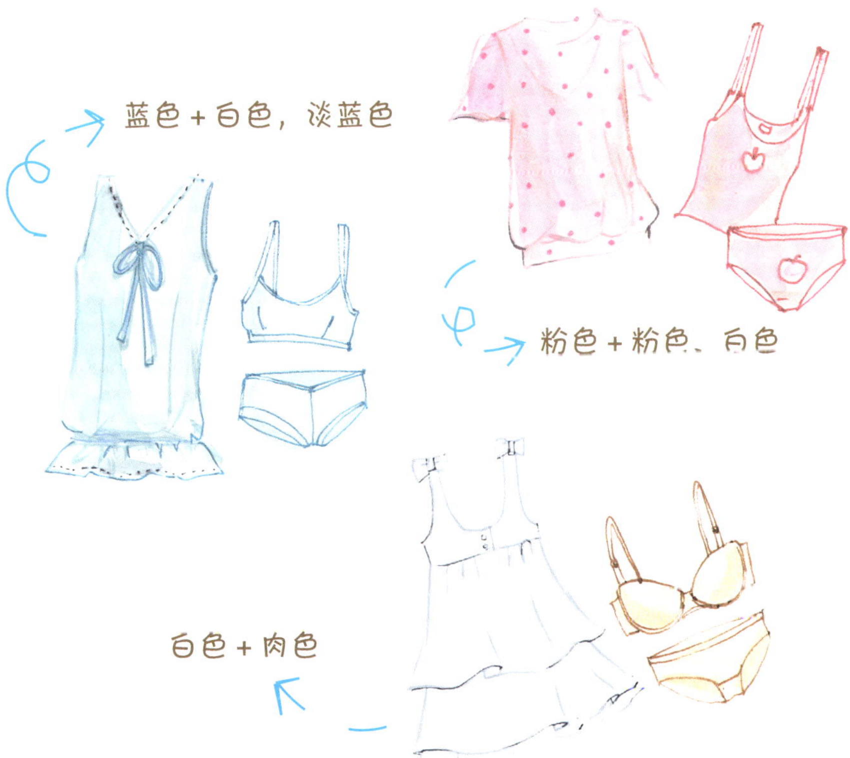

什么样的衣服适合我

了解自己的体型以及身体的优势和缺陷，可以扬长避短，达到完美效果。

杨玉环式胖美眉

宽松的男友款T恤、舒适的衣服不适合体型偏胖的女孩子穿。尽量选择合适的尺码，这样会显得身材匀称好看。天鹅绒或丝绸材质的服装由于反射光，会显得体型更庞大。深颜色要比浅颜色显瘦一些。你肯定觉得这样会太暗太低调而无法接受，这时可以搭配一些饰品，达到点睛效果。服装的纹路也应该避免大的花纹！

林黛玉式瘦美眉

建议穿色泽亮丽、花纹大胆的服装。看似蓬松的针织类、天鹅绒衣服是不错的选择。夹克应挑选双排扣，避免单排扣。套搭式层叠服装或街舞风格的衣服也可以尝试，但一定要避免竖条纹的衣服。

小鸟依人式小个子

建议穿高腰设计，胸前或脖子上可以搭配饰品点缀一下。下半身应避免繁复的设计，简单设计为宜。这样可以将人们的视线引向上半身，使得身材看起来较高挑。另外，短裙会显得腿长，穿带跟的鞋子也会有拔高视觉的效果。当然，如果不习惯，也可以戴个帽子，将人们的注意力转向上半身。

肩膀宽体型

针织衫或者皮毛材质的衣服会显得体形硕大，绝对要避免。衣领到腋下设计成插件式的衣服或深色袖子的衣服会显得上身纤细一些。

太平公主式体型

不妨选胸部有褶皱设计的上衣或带有口袋的上衣。
带有衬垫的文胸会显得胸部丰满一些。

长颈鹿式体型

不妨把衣领竖起来，或者系个丝巾。

短脖子美眉

脖子短，显得憨憨的？那就选V领或U领衣服。如果没有，也可以随意地将衬衫最上面的扣子解开一个，露出脖子。

臀部又瘪又塌

如果臀部太小太扁，衣服会撑不起来，影响美观。可以选有蓬松感的格子裙，或灯笼裙。亮色系裤子或裙子也不错。

臀部太大，很是头疼

避免掐腰效果的衣服。一旦身穿掐腰设计的衣服，会衬得臀部更大。裤子会暴露臀型，所以建议穿A字裙或连衣裙。

腿短、腿粗

腿短可以选高腰线的连衣裙或者喇叭裤。如果穿裙子，可搭配皮鞋和长筒袜。卷边以九分裤、五分裤为宜。

如果腿粗，也没必要总穿裙子。尝试一下大摆裙，反而会显得腿瘦一些。如果一直到脚踝都比较粗，那么可以穿到膝盖的黑色长筒袜，会让小粗腿秒变纤细苗条。

着装应景时，形象更出彩

家里老人过大寿，却身穿流行牛仔裤搭配棉短袖；呼朋唤友去游泳，却穿一身新买的正装套裙……如果这样穿戴，即便是再时尚再漂亮，也会显得和当时的场景格格不人，不免招来大家的不满眼神。

去郊游

去户外活动量大，所以着装要适合运动。不适合穿裙子、皮鞋，应该穿舒适的裤子、运动鞋。戴遮阳帽，可以很好地抵挡紫外线。佩戴方巾或发带，可以擦汗、美观两不误。

去听演唱会、看电影

去嘈杂热闹的演唱会现场或电影院时，建议着装轻便。当然，时尚因素也绝对不可缺少。嘻哈风服装、层叠式服装看起来会青春气息十足。

参加展会、音乐会

展会和音乐会都是比较高雅、正式的场合，所以穿衣也要考究一些。虽说不至于像大人一样穿得很正式，但至少应该看起来端庄素雅。可以穿裙子配罩衫、衬衣、夹克衫、披肩，增添复古感觉。穿连衣裙也是不错的选择。鞋子的鞋跟不要太高，或搭配简洁的运动鞋。

参加婚礼、寿宴

和家人一起出席长辈的寿宴或亲戚的婚宴时，代表着家庭的脸面，所以一定要在着装上下一番功夫，挑选色泽亮丽的衣服，以增添喜庆氛围。明亮色系的连衣裙配上低跟鞋，或者端庄的正装裙也是不错的选择。

跟着感觉走，
添一笔亮色

选用不同配饰，那么即便是穿同一件衣服，效果也会完全不同。

饰品

耳钉、戒指、项链、手链……这些饰品应选择符合年龄的款式。如果太花哨，不符合年龄，会让人感觉不那么和谐，就如同偷穿了妈妈的礼服一样。饰品要考虑全身的装扮，再去搭配。嘻哈风或者层叠式服装搭配皮绳手链、皮绳项链会很有感觉，但如果戴上镶钻饰品，就会显得不伦不类。

胸花

一件夹克衫或连衣裙，佩戴胸花还是胸针？不同的搭配，效果也不一样。胸花还可以点缀帽子、服装、包包，让平凡中开出亮丽之花。

包包

穿正装应该配个手拎包，而休闲服可以搭配背包或斜挎包，短袖短裤则可以配个果冻包。

鞋子

鞋子可根据当天穿的裙子、裤子颜色，或者长筒袜、袜子颜色搭配。也可以根据情况，搭配运动鞋、皮鞋、靴子、拖鞋等。

丝巾和围脖

一条漂亮的丝巾也可以灵活扮靓。如果穿了卷边裤，不妨用丝巾折成发带状系在头上，随意系到脖子上也会充满活泼气息。不同面料、不同款式的围巾可以打造不同风格，如轻质面料上缀满珠子的围巾、双色麻花款围巾等。

内衣尺寸不含糊

1 下胸围——测量胸下部分。下胸围尺寸等于文胸尺寸。

如果下胸围为70cm，那么就选70号型的；如果下胸围为75cm，说明文胸的尺寸应选择75号型的。如果身材刚好在两个尺码中间，可以选择舒适款，或者根据实际体型略做修改。

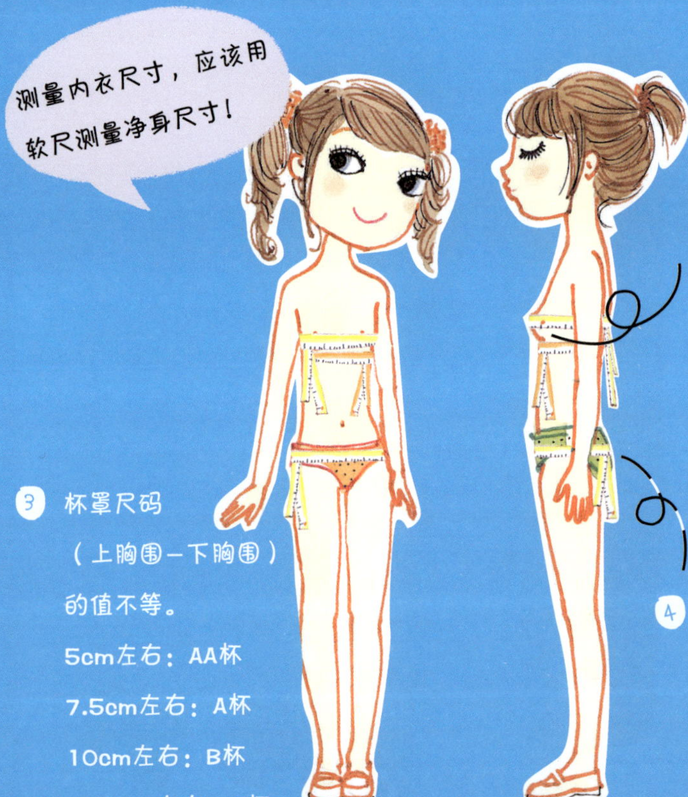

2 上胸围——测量经过乳头的最高点。

3 杯罩尺码

（上胸围－下胸围）

的值不等。

5cm左右：AA杯

7.5cm左右：A杯

10cm左右：B杯

12.5cm左右：C杯

15cm左右：D杯

4 臀围

取臀部隆起的最高点中间测量。臀围即为内裤尺寸。

打造自信身材

看到电视里身材火辣的美女，肯定羡慕得很吧？

你肯定也曾幻想过，只要坚持健身，就能拥有完美的曲线吧？

其实通过健身拥有众人羡慕的完美身材的人，不是没有。不过我不得不给你泼冷水，理想很丰满，现实很骨感，大多数人还是得不到预期的效果。因为有一个很重要的因素我们不得不重视，那就是基因。

但也没必要因为这样就垂头丧气。如果能把握青春期的关键时期，加以合理保养，那么好的身材还是可以拥有的。了解自己的体型之后，量身定制一套运动方法坚持锻炼的话，相信一定能拥有姣好的身材，即便不像模特那样完美……

千里之行始于足下

我来介绍一下适合每天利用零碎时间坚持做的运动。
健身运动宜简单易学，这样才利于接受和坚持。如果太复杂麻烦，或者要求配备高端器械，那么可能尚未开始就让人打起退堂鼓。

适合早晨睡醒后操作的运动

1 伸伸懒腰。你会感觉到蜷缩的身体得到了舒展。

2 笔直躺下，缓缓将双腿垂直抬起。两手支撑腰部，下巴靠近前胸。这个动作可以防止肥胖和便秘，并且具有美腿效果。

适合坐公交时做的运动

❶ 双手握住座位靠背或把手，双脚微张踮起脚跟，一次保持3秒。每天做10次，具有瘦小腿效果。

❷ 双膝向内侧并拢，两脚微张，脚尖向上绷直。大脚趾朝向内侧时，双脚脚跟着地。脚尖朝外张开后下落。每天反复做15次，一次一个来回，有利于塑造纤细骨感的脚踝。

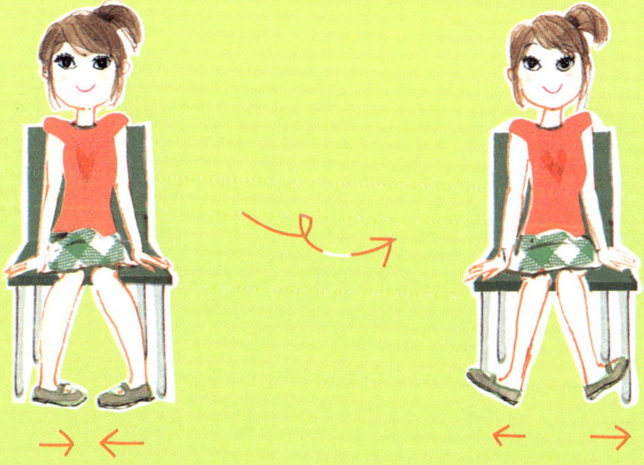

适合在课间休息时做的运动

1. 单手握住椅背，腿伸直状态下向前踢腿。左右脚交替5~6次，利于塑造纤细的大腿。

2. 背靠墙，双脚张开与肩同宽。抬起上半身，手撑墙面。左右交替各做4~5次，利于塑造纤细腰部。

认识你自己

做100个经典动作，不如挑一两个适合自己的运动坚持下来，这样更有效。让我们客观评估一下自己的身材，选择适合自己的运动类型吧！

瘦小腿运动

坐姿状态下，两腿尽量张开，脚尖朝上，再缓缓下压。
此动作反复做10次。

1

2

使脚踝纤细的运动

双腿绷直而坐，尽量脚尖朝后，再前压。如此反复做10次。

瘦大腿运动

侧卧并用胳膊肘支撑地面。上面的腿水平抬起，悬空保持片刻，横向朝前移动，保持片刻，再朝后平衡移动，保持片刻。该动作重复4~5次。再换另一条腿，重复4~5次。

塑造纤细小腰

坐直，双腿微微张开伸直。双手掌面朝外伸直，上半身缓缓下压，双手够向两腿之间，注意手应该探过脚前方。放松保持3秒。重复2~3次。

使胳膊纤细的运动

双手用力伸直，高举头上。左手抓住右手手腕，左侧胳膊肘下弯，拉右手直至右侧胳膊肘在头上形成直角。保持3秒后，下压左胳膊肘，使两条小臂保持同一直线状态，保持3秒。重复2~3次。换另一侧重复操作。

1

2

防止臀部下垂

1 肚子下面放靠垫，放松状态俯卧。缓缓交替抬起右腿、左腿。每天反复20次。

瘦小腹运动

1 两腿伸直，双手胸前合十。深呼吸，将手高举头顶。呼气时下压上半身，使额头和下巴用力够向膝盖。每天重复10次，瘦小腹效果非常明显。

有助于增高的运动

1. 双脚夹紧，站直，双手缓缓举到和肩膀持平，保持3秒。深呼吸，双手高举，胳膊紧贴两耳，脚跟稍稍抬起，保持15秒。每天重复2~3次，会有显著的增高效果。

吃得对，才能瘦下来

人们往往以为干柴瘦就等于是苗条，这可是个偏见。苗条指的是没有多余的赘肉，而不是说该有肉的地方也没有肉。并不是一味地少吃、饿肚子就能变苗条，只有合理进餐，配合适当的运动，才能真正变苗条。

健康饮食四原则

1 一日三餐别马虎

我们的身体有其自身的生物规律。如果不能遵从这种规律供给它所需的营养，就很容易变成易胖体质。为了所谓的减肥经常不吃饭，会不知不觉养成暴饮暴食的习惯。所以一日三餐一定不能马虎。

2 人体所需营养不可少

吃得再多，如果不能均衡摄取营养，很快就会感到肚子饿。因此要均衡摄取食物中的蛋白质、碳水化合物、脂肪、维生素、矿物质。

3 细嚼慢咽

人的大脑中有“饱腹中枢”，我们能感到肚子饿了或者饱了，都是因为饱腹中枢的作用。不过，通常都是餐后20分钟，才会有饱腹感。因此，就餐时吃到饥饿感消失，这是必要的。但是如果进餐过快，就会在饱腹中枢做出反应之前就已经进食过多了。所以，一定要养成细嚼慢咽的好习惯。

4 一定要正常进食

你要知道，一小块面包所含的热量和一碗米饭差不多。以热量最低的面包片为例，一片面包的热量为150kcal，如果吃上两片，那就相当于1碗米饭的300kcal了。

而且，米饭单纯是大米加水，但面包里含有各种添加剂，对健康有害。因此吃两片面包和牛奶，还不如好好吃一碗饭和菜。要知道，米饭带来的饱腹感还对减肥有益呢！

米饭
300kcal
蛋包饭
690kcal
炸酱饭
700kcal
咖喱饭
680kcal
炒饭
650kcal
拌饭
600kcal
青鱼炖萝卜
180kcal
辣白菜
15kcal
豆腐酱汤
100kcal
泡菜汤
190kcal
豆芽汤
50kcal
海带牛肉汤
90kcal
参鸡汤
1000kcal
排骨汤
450kcal
酱黑豆
110kcal
鳀鱼炒青椒
100kcal
香肠
85kcal
培根
63kcal
炒土豆片
110kcal
炒鱿鱼
110kcal
酱牛肉
80kcal
拌黄豆芽
50kcal
五花肉
620kcal
凉拌菠菜
40kcal
鸡蛋卷
110kcal

你所误解的几点内容

❶ 运动之后食欲增加？

不！ 运动时间不超过1小时，食欲减少。超过1小时，食欲反而增加。

❷ 要少食多餐？

不！ 少食多餐基本上吃的不是米饭，而是各种零食。这些零食大多是高热量食品，所以除了一日三餐，还是不要加其他餐的好！

③ 水果餐是减肥餐？

不！ 有不少人为了减肥基本不吃饭，空腹用水果填饱肚子，深信水果不会长肉。其实水果虽然说有益健康，但是它所含的热量远比我们想象的要多。而且它们所含的果糖也相当多。所以水果也应该适当进食，避免过量。

草莓1颗：5kcal

香蕉1根：100kcal

猕猴桃1个：30kcal

苹果1个：130kcal

橘子1个：80kcal

橙子1个：90kcal

西瓜1块：25kcal

瘦身的真正秘诀

❶ 忍耐15分钟

如果肚子感到饥饿难忍，不妨忍耐15分钟试试。你会发现饿得难受只是瞬间，其实过了15分钟就会消失。

❷ 定时用餐！

就算有美食的诱惑，也应该坚持一日三餐，定时用餐。这样才能减少吃零食，改掉面对美食就食欲大开的习惯。

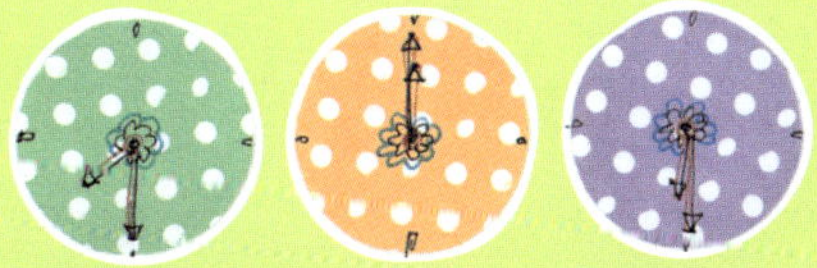

3 不要喝太多水！

多数人以为水喝得越多越好。其实如果深度肥胖，有必要控制饮水。因为在身体平衡已经打破的情况下，身体必需以外的水分由于无法排出体外，而让人浮肿。

4 减少盐分摄取

盐有吸附水分的特性，和盐一起摄取的水分由于不能正常排出体外，会造成浮肿。

平时应避免汤泡饭，要养成将汤水剩下的习惯。

还有一点要记住，快餐食品肯定会含有大量盐分。

5 改变烹饪方法！

同样的食材，烹饪方法不同，其所含热量也不同。用鸡肉、猪肉做菜时，应把鸡皮或脂肪去掉，而且烤、蒸的烹饪方式要比炒、炸少很多热量。

每100g热量约135kcal

每100g热量约140kcal

尽量少油炸煎炒

提倡蒸煮或烤制

一个煎蛋热量约105kcal → 一个水煮蛋热量约82kcal

一个煎马哈鱼热量约257kcal → 一条盐烤马哈鱼热量约137kcal

我的一周食谱

	饭	汤	菜品1	菜品2	菜品3	菜品4	甜品
周一							
kcal							
周二							
kcal							
周三							
kcal							
周四							
kcal							
周五							
kcal							
周六							
kcal							
周日							
kcal							

什么才是适合我的健身计划？

1. ____________________

2. ____________________

3. ____________________

标准体重=（身高－100）x 0.9

我是我自己的

可能谁都会有过那种时候，渴望某一天自己突然长大。
但是长大成人，意味着要有所担当。毫无准备的突然长大，与有规划的一步一步的成长，显然是迥然不同的。毫无准备的仓促成长，只会因为突然面对太多的陌生，而将自己陷入困惑和慌乱之中。
此刻的你，正在为将来的自己而做着准备。青春都是短暂的。正值早晨八九点太阳的你们，一定要珍惜每一分钟，努力打造更好的自我。

啊呜！身体在悄悄变化

嗯……你说摸胸部时感觉有肿块，硬硬的，还略有痛感？那我可要恭喜你了！这说明你的胸部开始发育了。之所以胸部会变大，是因为身体在分泌雌性激素。

再长大一些时，隐私部位会长出毛毛来。私密处长出来的体毛叫作阴毛。阴毛不同于头发，它质感硬，而且颜色深，所以多少会让你感到陌生。不过不必担心，这些体毛不会波及到全身。然后，女孩子会开始出现初潮。

男孩子也会发生一些身体上的变化。开始分泌睾丸素，而且阴茎周围和腋下会长出体毛，还会出现梦遗。此外，脸上也开始冒出胡须。

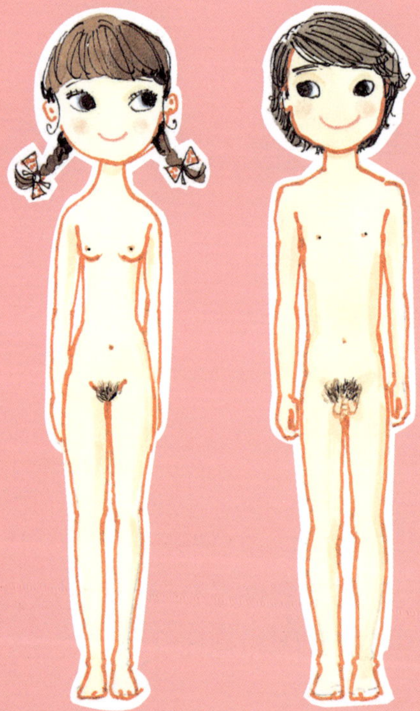

到了可以生育宝宝的年龄了

开始来月经，说明可以怀孕生孩子了。你不明白每月一次的流血，跟生孩子有什么关系？嗯，让我来科普一下吧！

女孩出生时，体内会有子宫，这里是孕育生命的小小的家。

女人体内的卵子遇到男人的精子时，就会形成一个新的生命。

如果成人后每个月形成的卵子遇不到精子会怎样？这时没能遇到精子的卵子会随脱落的子宫内膜排出体外，这就是月经。这回你明白了吧？

如何从容面对月经

来月经说明我们正在变成一个成熟的女性，所以你根本不需要害羞或者掩饰什么。初潮时，有些家庭甚至会举家庆祝。不管怎样，这是一件值得骄傲的事情。因为一个人能够成为妈妈，是非常了不起的事情。你要知道，从此你的身体已经具备了孕育生命，并且能够对这个生命负责的条件。你要比以前更加珍爱自己，明白自己是一个值得珍爱的存在。

如果开始来月经，千万不要慌张害怕，可以去告诉妈妈或姐姐。如果身边没有可以咨询和依赖的女性，只能靠你自己，不妨参考一下下面的内容。

一 如何挑选卫生巾

市面上的卫生巾琳琅满目，挑选时容易让人头疼。卫生巾的区别在于形状、大小、厚度。可以根据自己的月经量，选择相应的商品。

❶ 形状

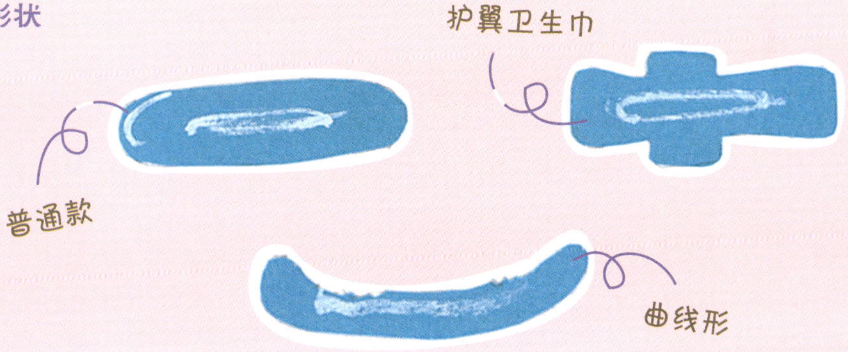

❷ 厚度

超薄款比薄款要薄许多，其实它们的吸收力是没有差异的。如果外出，或者穿的裤子轻薄时，建议使用超薄卫生巾，会让你更舒适放心一些。

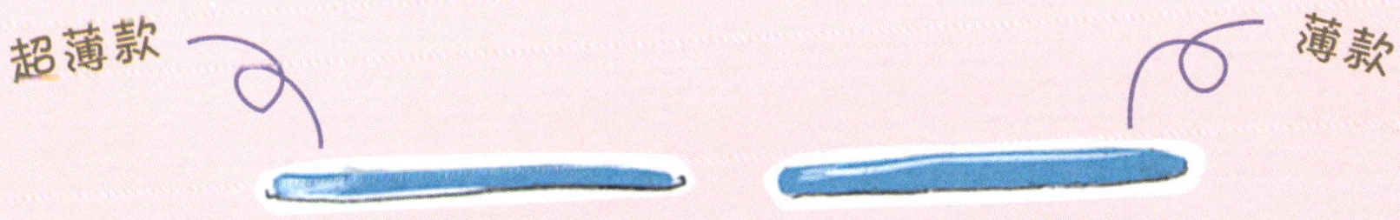

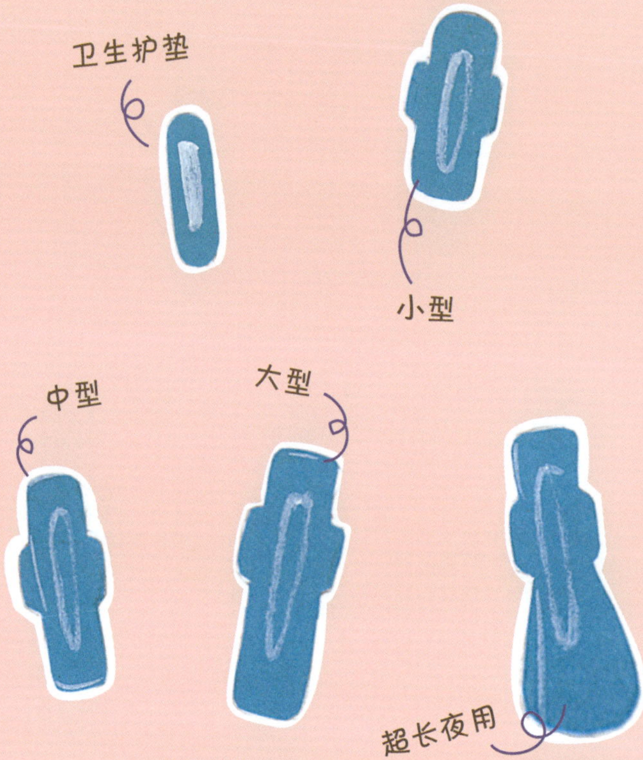

❷ 大小

卫生护垫通常是在月经前或月经结束后使用。小型、中型、大型可以根据月经量来选用。

睡前使用超长夜用款，可以避免弄脏被子或衣服，确保安稳睡眠。

㈡ 用过的卫生巾怎么处理

每隔3~4小时，建议换一次卫生巾。用过的卫生巾包裹好再丢弃，以免他人使用卫生间时看到后皱眉头。用过的卫生巾可以卷好用手纸包好再扔，或者包在即将换的新包装内丢弃。可千万不能把它直接丢进马桶里哦！

㊂ 什么是内置式

内置式卫生棉条不同于粘贴到内裤上的卫生巾用品，它是直接放到阴道内的卫生巾。这样可以隐藏在体内，即便是在水中游泳也无碍。不过这种内置式棉条如果长时间不更换会非常危险。它的更换时间要比普通卫生巾更短，最好是一两个小时便更换一次。内置式棉条如果不及时更换，会引发两种危险。

一种危险是，由于它吸收水分，因此会把阴道内的水分也吸收掉，这样一来，就给那些霉菌、细菌提供了滋生环境。还有一种危险，是“中毒性休克综合征（TSS）”。内置棉条引发中毒性休克综合征的准确原因还不明确，但能肯定的一点是，这种病症确实和内置棉条有关。

所以，尽管使用卫生巾会不太方便，也不能去游泳，但为了健康着想，还是使用普通卫生巾为宜。

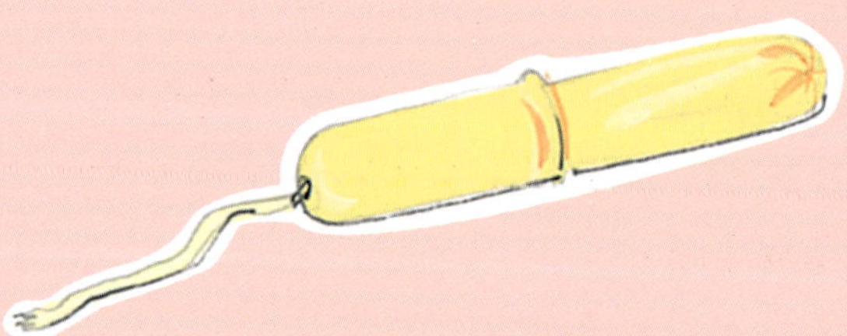

四 “白带？那是什么？”

如果发现内裤上沾了透明分泌物，不要惊讶，大可淡定。这种分泌物叫作“白带”。为了能维持阴道内的清洁状态，会覆盖着容易再生的黏膜，白带正是这些黏膜剥落出来的，所以是一种自然的生理现象。

只是白带分泌时会痒痒或刺痛，而且如果是黄颜色，则说明异常。颜色呈白色为正常，但如果因为霉菌犯了阴道炎，不是柔滑的白色液体，而是白色渣滓状，就必须要去妇科检查一下。

提到妇科，可能有些人以为这只是大人或者不良少女才去的地方，这是不对的。务必让妈妈陪同去医院接受正规检查。

了解自己的月经周期

如果了解了自己的下次月经开始时间，就可以提前准备卫生巾，和朋友一起相约去游泳时也可以避开特殊日期。所以了解自己的月经周期很有必要。

月经周期是指月经开始第一天到下次月经开始的前一天的时间段。虽然因人而异，但一般都在21~35天。

假设你上次是3月10日来月经，而这次是4月6日开始，那么你的月经周期就是27天。如果月经是从3月10日开始，14日结束，那么月经持续期则是5天。了解了月经周期，就能预测下次月经时间了。

不过这也不是绝对的。有时候因为锻炼，或者压力等因素，月经可能推迟或者提前，甚至不来。

牢记月经周期！

• 月经周期

• 月经持续期

远离渣男

我们周围总会有一些坏人。这个坏人可能是陌生的大人，也有可能是认识的大哥哥或朋友。有时候，往往是太熟悉或平时处得融洽的、和善的人会突然露出邪恶的本性。真相往往多是这样令人生畏的。

这些坏人通常都会不顾当事人的意愿，强行摸索或使用暴力，动手动脚地非礼女孩子。如果发生这样的事情，有一点一定要记住。那就是发生这样的事情，并非你的错。

你的身体是你自己的，所以别人不可以未经允许随便对你动手动脚、强行非礼。这绝对是那个人的过错。

NO!

假设你因为害怕没能大声尖叫，或者身单力薄未能逃跑，或者穿的恰好是你喜欢的短袖、短裙，或者你迫于威胁和恐吓没能反抗，或者你深夜晚归独自在漆黑的路上……这都不能说是你的错。

通常，坏人都会为了将自己的恶劣行径正当化，千方百计找各种借口推卸责任，威胁恐吓对方。有时甚至以对方生命为威胁。他们会试图以这种方式增加你的罪恶感和恐惧感，从而掩盖自己的犯罪行为。

这时，相比坏人，你会觉得自己很懦弱、无力，继而怀疑“是不是我的错？”其实这都是因为你受到了惊吓和打击才会这样想。比你年纪大的大人，有时也难免会这样。

你需要他人的帮助来安慰你，治愈你的身心和脆弱。你应该大胆地求助能替你惩罚坏人的人。

首先要告知父母。如果爸妈也无能为力，那就去报警，或者向妇女儿童保护中心请求援助。

性暴力，该如何应对

性暴力是非常严重的犯罪行为。特别是被强奸时，应按照下面步骤采取措施。

1. **告诉父母，或者其他可靠的成人，请求帮助。**

2. **去医院检查。**

   在大夫对性暴力做出明确诊断之前，不应该洗澡或者采取其他擦拭痕迹的举措。

3. **报警。**

   如果男警不方便，可以要求让女警来接待，并讲述过程。

十八岁后，交个
深沉稳重的男朋友吧

每天都见的同学，有一天会让你突然觉得他很帅气。看到他和其他异性同学亲近的样子会莫名被气哭，而自己不明白为什么会这样……

其实是因为你到了对异性感兴趣的年纪，才会这样。这是自然的现象。

关键是，如何将这种心思呵护好，使它纯情而美好。

喜欢一个人，是一件美好的事情。这种心思，唯有在表现得体时，才显得可爱而熠熠生辉。

交个深沉稳重的男朋友

不仅仅是单纯的喜欢，而且是了解你的梦想、你的烦恼、你的喜怒哀乐。想要有个这样深沉稳重的异性朋友，应该怎么做呢?

正确表达

你该不会以为，在身后扭扭捏捏、羞涩才是少女的样子吧?

别看男孩子们一副大大咧咧的样子，其实他们的内心很脆弱。如果你能把这种好感明确表达出来，那么男生会鼓足勇气和你搭话。所以没必要非得等男生先主动，女生也可以主动搭话。谁说女孩子先表态就是丢人的?

没道理！虽说被别人选择，成为人家女友是一件浪漫的事情，但是主动一些，自己选择喜欢的人做男友，更是一件酷酷的事情。你说你怕对方会拒绝你？“哦。既然这样，那就没办法了。以后我们还可以是好朋友。”洒脱一些，冲对方笑笑。展现率性、坚强的一面岂不是更好？说不定人家恰好被你的这种魅力所吸引，突然喜欢上你呢！

制定原则

为了结识一个优秀的异性朋友，需要给自己定个原则，并且按照原则行动。
假设男友要求见面的时间很晚，但是你和父母约定好见男友的时间是晚上6点之前。这种情况下，如果你出于担心男友失望或生气，而偷偷出去，那么未来的日子里你可能每次都要被男友牵着鼻子走，最终不欢而散。
为什么？

试想一下，如果是男友天天被你牵着鼻子走，而且被他的父母隔三岔五地训斥，垂头丧气，你会怎样？会不会觉得对方懦弱又无奈？

其实可以跟对方说明一下与父母的约定，把被动换主动。如果男友对这个表示费解不能接受，那么不如趁早分手。

一个不顾你和父母产生矛盾的男友，肯定也不会真正为你着想。

公开的恋情才有可能持久

因为害怕父母担心而偷偷约会，反而会更让父母担心。

为了偷偷约会，难免会撒个小谎，久而久之，可能需要更大的谎言来圆场而渐渐和父母疏远。要说这世上有谁能为了你而付出生命，那肯定是你的父母，而不是你的男友，毕竟生活不是浪漫电影或小说。所以如果因为男友而跟自己的父母疏远，实在是不幸。

而且，如果和男友的约会成为一件有诸多不便的事情，那么迟早会分开。与其隐瞒偷偷摸摸，不如公开，得到父母的认可，并且在他们的建议下约会，理直气壮且开心加倍。这样一来，你们的关系必然会更持久。

感动百分百！
手工礼物

既省钱又创意无限
送男友一款手工礼物

一旦交了男友，你会发现这世界突然多出了许多纪念日。互换礼物，是一件开心而又幸福的事情。但是与此同时，也会时常感到囊中羞涩。这时，不妨试试送一款手工礼物给对方，既省钱又创意满满！男友收到世上仅此一件的礼物，想必会感动得一塌糊涂。

恋爱一百天纪念日
“你记得吗？”纪念相册

〈材料〉

大号弹簧册子、纸胶带、剪刀、塑料袋、两个人的珍贵纪念照等有纪念意义的东西。

1 把有纪念意义的物品放入塑料口袋中，再用纸胶带固定到弹簧册子上。

2 在照片或物品下面记下时间、地点、事件，当然是要写得生动有趣了。

为鸡毛蒜皮的事情闹别扭？“恋爱贴”来补救

〈材料〉

各色卡纸、剪刀、齿边剪刀、胶棒、各种彩铅、透明玻璃瓶、包装蝴蝶结。

❶ 把各种颜色的卡纸随意剪成喜欢的样子。

❷ 在剪出来的各种形状的彩色卡纸上，用彩色铅笔写上“肩部按摩10分钟”“手拉手散步”“原谅对方”“请吃大餐”等内容。

3 放到透明玻璃瓶里，用漂亮的彩带扎上即可。

临考试前“加油贴”

〈材料〉

一个月分量的维生素（片剂30粒），好看小巧的30张包装纸（刚刚够包装1粒维生素），带盖子或瓶塞的透明玻璃瓶，彩带或蝴蝶结。

❶ 在30张包装纸上各写上一句加油鼓劲的话，再分别放上一粒维生素片，折叠成下图的样子。

❷ 装入透明玻璃瓶里，用精致的彩带或蝴蝶结装饰。

1年365天　周年纪念日

1月14日日记情人节、2月14日传统情人节、3月14日白色情人节、4月14日黑色情人节、5月14日玫瑰情人节、6月14日亲亲情人节、7月14日银色情人节、8月14日绿色情人节、9月14日音乐情人节与相片情人节、10月14日葡萄酒情人节、11月14日电影情人节、12月14日拥抱情人节……

虽说这些节日会让人感到特别而温馨，但是别人定义的纪念日，对你和他而言，未必都能引起共鸣……

不如多一些仅属于两个人的特殊纪念日。比如第一次见面是3月2日，第一次表白是5月8日，第一次牵手是7月7日，等等。从现在开始，记录下属于你俩的特殊的点点滴滴吧！

✿✿ 你我的特别纪念日

JANUARY 1
FEBRUARY 2
MARCH 3
APRIL 4
MAY 5
JUNE 6
JULY 7
AUGUST 8
SEPTEMBER 9
OCTOBER 10
NOVEMBER 11
DECEMBER 12

附录

爱心贴纸

沿图形外缘线剪下后再粘贴到醒目的地方提醒自己

快餐热量贴纸

面包片 150kcal	方便面 520kcal	甜甜圈 230kcal	巧克力玛芬蛋糕 375kcal	金枪鱼三明治 280kcal	火腿奶酪三明治 468kcal	煎饺 230kcal	
水煮蛋 82kcal	烤红薯 190kcal	紫菜饭 460kcal	劲道面 600kcal	薯条 320kcal	鲫鱼饼 100kcal	锅包肉 370kcal	
炸酱面 700kcal	海鲜面 700kcal	乌冬面 470kcal	炒年糕 420kcal	意大利面 650kcal	炸猪排 700kcal	鸡翅 180kcal	
炸鱿鱼 70kcal	炸虾 65kcal	鱼脯 150kcal	汉堡 350kcal	热狗 180kcal	比萨 270kcal	薯片 260kcal	
虾条 460kcal	牛奶 125kcal	无糖橙汁 75kcal	可乐 100kcal	葡萄汁 92kcal	可可 110kcal	酸奶 150kcal	沙冰 120kcal
冰棍儿 95kcal	冰激凌 230kcal	红豆沙冰 410kcal	苹果 130kcal	西瓜 25kcal	橙子 90kcal	橘子 80kcal	葡萄 240kcal

沿图形外缘线剪下后再粘贴到醒目的地方提醒自己

纪念日贴纸

沿图形外缘线剪下后再粘贴到醒目的地方提醒自己